Lb 56
 988

TROISIÈME LETTRE

A

S. M. L'EMPEREUR

PARIS

IMPRIMERIE DE L. TINTERLIN ET Cᵉ

rue Neuve-des-Bons-Enfants, 3.

TROISIÈME LETTRE
A
S. M. L'EMPEREUR

UNION
DES DEUX PRINCIPES SUR LESQUELS REPOSENT LA
LÉGITIMITÉ
DE LA
DYNASTIE NAPOLÉONIENNE
ET CELLE
DU POUVOIR TEMPOREL
DU SAINT-SIÉGE

PAR B. REY

ANCIEN MEMBRE DU CONSEIL GÉNÉRAL DU CHER,
ANCIEN MAIRE DE LA VILLE DE SAINT-AMAND ET DE LA COMMUNE DE COUST,
DOCTEUR EN MÉDECINE DE LA FACULTE DE PARIS,
CHEVALIER DE LA LÉGION D'HONNEUR.

PARIS
E. DENTU, LIBRAIRE-ÉDITEUR
PALAIS-ROYAL, 13, GALERIE D'ORLÉANS.

1860
Tous droits réservés

NOTE PRÉLIMINAIRE

Le proverbe populaire a dit que, dans un péril suprême, *mieux vaut demander secours et protection à Dieu qu'à ses saints.*

En vertu de ce proverbe et posé dans les conditions qu'il indique, j'ai conçu la pensée un peu hardie, j'en conviens, sans cesser d'être respectueuse, d'écrire — trois fois — à Sa Majesté l'Empereur.

La première lettre fut remise par moi à son palais de Saint-Cloud, le 15 octobre 1859; — la deuxième à Compiègne, le 26 novembre suivant; — la troisième enfin au palais de Fontainebleau, le 12 juin 1860. Celle-ci portait la date du 4 juin, jour où je la fermai.

Avec l'intention de remercier l'Empereur de l'appui moral que Sa Majesté a daigné me prêter, j'étais mû par un sentiment moins égoïste.

J'essayai de Lui payer, de payer à la commune patrie, dont les intérêts se confondent, dans mon opinion, avec ceux du souverain, la dette de reconnaissance que tout bon Français a contractée envers le chef d'un gouvernement fort et glorieusement protecteur.

J'ai voulu, comme on dirait en langage ascétique, confesser ma foi politique et religieuse.

Cette foi repose sur la double conviction que les intérêts bien compris de la France représentée par la dynastie napoléonienne, et ceux du Saint-Siége, sous le rapport de son pouvoir temporel, — sont et demeurent inévitablement unis.

J'avais d'ailleurs à protester contre les interprétations plus que malveillantes auxquelles ma démarche si naturelle pourtant a déjà, sans préjudice de l'avenir, servi de prétexte.

Par ces motifs et sans aucune arrière-pensée mauvaise, je suis induit à publier ma dernière lettre à l'Empereur.

Il s'agit pour moi d'un devoir de conscience, devoir qui doit prendre le pas sur les arguments d'un ordre inférieur.

Il ne me fallait rien moins que l'exigence de ces motifs impérieux pour justifier, aux yeux de tous et à mes propres yeux, la tentative d'un auteur peu familier avec l'art si difficile d'écrire à l'adresse du public.

Mon excuse est dans l'obligation que je me suis imposée de soutenir le droit et l'équité, suivant la mesure de mes forces et la part de bon sens qu'il a plu au Ciel de m'octroyer.

C'est une lutte incessante contre l'injuste et le faux.

A ces divers points de vue l'indignation ne saurait-elle suppléer au talent en faisant de la prose comme on a dit qu'elle fait les vers ?

Voici cette lettre, telle que j'ai eu l'honneur de la faire tenir à Sa Majesté, sans y ajouter ni en retrancher un *iota*.

J'en excepte un petit nombre de corrections purement grammaticales et qui ne changent rien au fond.

J'ai dû en rayer aussi les détails qui me sont personnels et dont je ne voudrais pas embarrasser des considérations d'un ordre si élevé.

TROISIÈME LETTRE

A

S. M. L'EMPEREUR

Sire,

La situation présente est de plus en plus tendue; nul ne saurait le contester.

L'avenir offre naturellement ce degré d'incertitude inhérent à toutes les grandes époques de transition.

Me sera-t-il permis une troisième fois de soumettre à Votre Majesté les réflexions qui se rattachent, de près ou de loin, aux principes généraux du gouvernement, et, de plus près, au principe dynastique; celui de tous qui, à mon sens, présente, au suprême degré, une actualité permanente?

Cette actualité doit être considérée comme le fond de la question, qui reste immuable, tandis que certaines formes varient suivant les circonstances et les temps.

Votre Majesté croit à la Providence.

Ainsi que la Providence, elle sait cacher les voies, le plus souvent impénétrables, par où Votre Majesté veut conduire simultanément la fortune de la France et celle de sa dynastie.

S'il est un point sur lequel on ne saurait se méprendre, un but marqué, *nè varietur*, que Votre Majesté est résolue d'atteindre et qu'elle atteindra, c'est assurément la consolidation de sa dynastie.

Or, j'ai dit et ne crains pas de redire à Votre Majesté que cet événement immense sera, quoi qu'il advienne, hérissé de difficultés sans nombre, entouré d'obstacles renaissants comme les têtes de l'hydre, et que le génie de Votre Majesté est seul capable de conjurer.

Elle y parviendra, Dieu aidant.

Mais à certaines conditions qui n'ont pu échapper à la merveilleuse sagacité dont est douée Votre Majesté ; Elle travaille incessamment, après les avoir acceptées, à en poursuivre le développement régulier.

Pour conduire à bonne fin cette œuvre épineuse et gigantesque, Votre Majesté devra se cramponner à un principe incommutable.

De tous les principes générateurs et conservateurs dont l'action sur les sociétés s'est fait et se fera éternellement sentir, le principe de légitimité est, selon moi, le plus vivace.

Votre Majesté est entrée dans la légitimité par la bonne porte, celle que lui ont ouverte huit millions de suffrages, alors que le trône de France était vacant et ne pouvait plus être occupé par les descendants des anciens possesseurs.

Votre Majesté doit, en conséquence, comme il lui est dû, respect aux légitimités qui toutes, sans exception, sont solidaires les unes des autres :

Légitimité de la famille,

Légitimité de la propriété,

Légitimité du gouvernement.

Au-dessus des autres légitimités plane, pour les catholiques, la légitimité de notre Saint-Père le Pape.

Les catholiques forment la grande majorité des peuples que Votre Majesté et les princes de sa dynastie ont reçu la mission de gouverner.

La légitimité du Pape, considérée comme puissance temporelle, est aussi ancienne et aussi respectable qu'aucune de celles qui règnent en Europe et ailleurs.

Elle est, de plus, une arche sainte à laquelle il n'est pas permis de toucher, sans s'exposer aux plus extrêmes périls.

Le clergé catholique possède et conservera, malgré l'affaiblissement de la foi et peut-être à cause de cet affaiblissement, un ascendant immense sur l'esprit des populations.

En fait et en droit, le royaume terrestre du Saint-Père lui appartient aussi légitimement que la plupart de ceux dont les dynasties reconnues gouvernent le monde.

A dater de Charlemagne, dix siècles ont sanctionné cette monarchie, qui tire encore, de l'élection et du principe religieux, une double consécration. Telle est, peut-être, l'origine des trois couronnes qui décorent le front du successeur de saint Pierre.

Les Papes sont essentiellement Italiens. Ceux qui ne l'étaient pas de naissance le sont devenus. Conseillés et soutenus par la vieille politique de la France, personnifiée dans ses glorieux souverains, ils ont presque tous secondé les efforts tentés, à diverses reprises, contre le principe allemand, qu'il s'agissait de déraciner et d'expulser, ainsi que le chirurgien expulse de l'économie animale un corps étranger qui s'y est logé indûment.

Durant les longues et terribles guerres qui ont, l'espace de plusieurs siècles, ensanglanté l'Italie, alors que Charlemagne et l'Italie soutenaient, l'une contre l'autre, ces luttes acharnées, les Souverains-Pontifes ont constamment, ou peu s'en faut, appuyé la politique de la France, qui, de son côté, défendait les droits acquis au Saint-Siége en même temps que ses propres droits.

Leurs intérêts, à ce point de vue, étaient identiques; les deux puissances, si l'on veut accepter une expression vulgaire, tiraient à la même corde.

Il en est résulté entre elles une coalition permanente, une entente, cette fois, véritablement *cordiale;* les intérêts matériels se trouvaient mêlés, des deux parts, au spiritualisme d'un ordre supérieur, contre les envahissements successifs et fort inquiétants de la maison d'Autriche.

La France et l'Église se prêtaient donc un mutuel secours, un échange de bons offices et de protection qui a certainement profité aux deux.

Si les Souverains-Pontifes ont trouvé, dans l'appui matériel de la France, les moyens constants et assurés de combattre et de vaincre leurs ennemis, ils lui ont donné, en retour, un appui moral d'une incontestable valeur.

Ce n'est pas seulement pour et par les libéralités plus ou moins désintéressées de Pépin et de Charlemagne que les rois de France ont conquis le nom de fils aînés de l'Église. Il faut encore en rattacher la noble épithète aux souverains plus rapprochés de notre âge, depuis Louis XII, François 1er, Henri IV, jusques et y compris Napoléon III, qui ont secouru de leur épée et de leurs trésors le Saint-Siége apostolique.

Votre Majesté a voulu marcher sur les traces de ses glorieux prédécesseurs.

Le Pape régnant, S. S. Pie IX, n'a été sauvé des dangers les plus imminents qu'en se jetant dans les bras de la France, dans ceux de Votre Majesté, qui est accourue fort à point pour le tirer des plus mauvais pas.

C'est que le Saint-Père portait, en ajouté de sa foi antique, l'empreinte des idées nouvelles, seules applicables, en matière de gouvernement, aux extrêmes difficultés de notre époque.

Pie IX entrait, à pleines voiles, dans l'application des principes politiques et sociaux dont Votre Majesté lui fournit les préceptes et l'exemple.

Un incident affreux s'est interposé entre son bon vouloir

et la réaction conseillée par des ministres que je crois mal avisés. Le Pape a reculé d'effroi devant l'assassinat de M. Rossi ; on aurait peur à moins.

Mais, au fond, rien n'est changé dans le sentiment politique de Sa Sainteté, ni dans son appréciation des sages conseils que lui prodigue la respectueuse prévoyance de Votre Majesté.

Si, comme tout porte à le croire, Votre Majesté est prédestinée à terminer la vieille querelle des Guelfes et des Gibelins, ainsi qu'elle a terminé et terminera tant de fructueuses entreprises, Votre Majesté se souviendra que Pie IX, à l'instar de ses devanciers, est Guelfe dans le cœur. Sa Sainteté redit sans doute *in petto* le mot fameux et tout italien de l'homme illustre que produisit Florence au quinzième siècle, mot dont il fustigeait la domination allemande : *Ad agnuno puzza questo barbaro dominio.*

Enfin, Votre Majesté restera pénétrée de l'idée que, dans les circonstances présentes, elle doit tout faire pour la satisfaction du Saint-Siége. Je dis tout, afin d'exprimer les limites extrêmes du possible.

Eh bien ! si, comme il appert, les Romagnes, l'Émilie, peu importe le nom donné aux légations, ne pouvaient être immédiatement restituées au Saint-Siége, que Votre Majesté, en lui garantissant la possession inaliénable du reste de ses États, s'ingénie à trouver quelque part, au Saint-Père, une compensation qu'il puisse accepter.

Il ne m'appartient pas d'indiquer à Votre Majesté ce qu'il y aurait de mieux à faire.

Une supposition toutefois, à titre de jalon, de ballon d'essai : s'il arrivait qu'un jour ou l'autre, par suite du bonheur providentiel qui semble la poursuivre, Sa Majesté sarde entrât en possession de la Vénétie, sans en excepter le fameux quadrilatère, le roi *galantuomo* éprouverait-il quelque répugnance à céder au Saint-Père l'équivalent des Romagnes, sinon les Romagnes elles-mêmes?

Certes, avec ce magnifique complément du royaume de l'Italie septentrionale, la mutation proposée au Nord et au Sud offrirait le double avantage d'achever l'expulsion de l'Autriche et de rehausser la puissance temporelle du Saint-Siége. Le roi du Nord pourrait bien, ce me semble, se prêter à des concessions relativement minimes.

Votre Majesté appréciera ce qu'il peut y avoir de sérieux et d'applicable dans cette idée tant soit peu excentrique.

Il en sera de même de certains projets en l'air que j'eus l'occasion d'énoncer il y a plus de dix ans : sur l'inspection de la carte et en manière d'arrondissement, je donnais libéralement au Pape la Toscane, qui me semblait lui aller comme le Portugal à l'Espagne.

Remarquons en passant que la Toscane a fait réellement partie des États de l'Église, au moins sous Léon X et son successeur immédiat.

La grande comtesse Mathilde avait, bien avant cette époque, ainsi que le comportaient les pouvoirs élastiques dont les souverains d'alors se prévalaient comme d'un droit incontesté, donné au Saint-Siége une part considérable de ses États toscans.

Mon raisonnement n'était donc pas tout à fait bâti sur le vide. S'il péchait par la comparaison des éléments si divers *adaptables* aux gouvernements de ces temps reculés et à ceux du nôtre, il devient plausible en présence de cette idée fixe qui appartient à tous les âges du christianisme, à savoir que le pouvoir temporel du Pape doit être constitué vigoureusement dans l'intérêt matériel et moral de toutes les puissances catholiques ; et aussi afin de rendre possible l'autonomie, comme on dit aujourd'hui, de l'Italie.

Je la divisais, sans plus de façon, en trois corps de gouvernements, le nord, le midi, séparés, au centre, par la triple couronne du Souverain-Pontife.

Enfin, Sire, en regard de tout ce qu'il y aurait de bon, d'utile, de sage à suivre, dans la mesure que lui dictera sa prudence, les humbles avis que je soumets à Votre Majesté, elle ne voudra pas sans doute répudier les enseignements de l'histoire : au nombre des plus grosses pierres d'achoppement contre lesquelles vint se heurter et, en définitive, se briser la puissance colossale de Napoléon Ier, la plus grosse et la plus dure fut assurément celle dont le langage figuré de l'Évangile a fait la base, le fondement de l'édifice chrétien.

Serait-il sage, même prudent, de recommencer une lutte évidemment inégale, et que Napoléon Ier, s'il revenait au monde, condamnerait de toute l'autorité de son vaste génie ?

En donnant satisfaction au Saint-Père, Votre Majesté rendra faisable, sinon facile, tout ce que sa politique a conçu et concevra de plus grandiose, en ce qui touche la grandeur et la prospérité présentes et futures de la France ; successivement et par une conséquence forcée, de tous les peuples du monde civilisé.

Il va sans dire que cette politique restera murée dans l'enceinte des principes perfectionnés de plus en plus, qui surgirent informes et sanglants de l'ère de 1789.

Si cette satisfaction était refusée au Saint-Père, tout deviendrait aussitôt ardu, embrouillé, tiraillé en sens contraire, et à peu près dans bien des cas, tout à fait impossible.

Car il ne faudrait pas croire durable l'édifice bâti sur le sable ou sur les nuages d'une heureuse actualité, abstraction faite de la saine logique, de cette logique éternelle qui régit mathématiquement le monde matériel comme le monde moral.

Je désire appeler l'attention de Votre Majesté vers un second point dont elle reconnaîtra, je l'espère, l'importance capitale.

Il me faudra franchir ce sujet délicat, comme sur des charbons ardents, ou comme on dit que les Turcs — les vrais croyants, — entrent dans leur paradis, sur un chemin de fer singulièrement dangereux, le tranchant affilé d'un rasoir.

Qu'y ferait-on? Avant tout, je dois à Votre Majesté la vérité, ce que je crois la vérité; dussé-je en éprouver quelque dommage.

La pensée qui doit primer ici toutes les autres, c'est l'intérêt bien compris de Votre Majesté et de sa dynastie; intérêt que je ne veux jamais séparer de ceux de la commune patrie.

Parmi les acquisitions excellentes dont Votre Majesté a déjà enrichi la France, figure en première ligne la prochaine annexion de la Savoie et du comté de Nice.

Toutes les convenances, toutes les utilités se trouvent réunies dans la cession spontanée qu'en a faite Sa Majesté sarde; dans l'acceptation franche, loyale, conséquente à ses principes, dont Votre Majesté a voulu marquer, une fois de plus, son règne prodigue de bienfaits.

La reconnaissance de ces populations toutes françaises de mœurs et de langage, de cœur et de penchants, éclatera, il n'est pas malaisé de le deviner, en démonstrations magnifiques de joie et de bonheur.

La visite que Votre Majesté médite peut-être, en compagnie de Sa Majesté l'Impératrice et de Son Altesse Impériale le jeune Prince, sera marquée, sans nul doute, par une suite d'ovations et de triomphes aussi splendides que mérités.

Ces triomphes, ajoutés à tant d'autres dont ils seront, pour ainsi parler et jusqu'à nouvel ordre, le couronnement, exhaleront leurs parfums enivrants qui, passant par le cœur, s'emparent volontiers du cerveau.

Les plus fortes têtes, celle de Napoléon 1er, ne s'en sont pas toujours préservées.

Et voilà le danger que j'ose signaler à Votre Majesté. Elle devra se prémunir contre ses atteintes et dominer mieux que n'a fait son illustre Auteur, le penchant si naturel à savourer l'encens, surtout lorsqu'il est de bon aloi et bien gagné.

Ou je me trompe fort ou Votre Majesté porte en Elle la force nécessaire à l'accomplissement de ce devoir ; car c'est un devoir que lui commande sa toute-puissance, comme pour y mettre un temps d'arrêt.

Sire, vous avez su résister, avec la plus courageuse longanimité, aux insultes, aux outrages peu ou point déguisés dont Votre Majesté n'a été que trop souvent abreuvée. Soyez assez magnanime pour dominer également les vanités de la tête et les chatouillements du cœur, bien autrement insidieux dans leurs décevantes tentations.

La récompense est au bout.

« Qui sait se commander peut commander au monde. »

a dit un de nos poëtes nationaux.

Un autre, plus solennel dans ses prévisions, écrivait, à deux siècles de distance, comme à l'adresse de Votre Majesté, ce vers qu'il mit dans la bouche du premier empereur romain :

« Je suis maître de moi comme de l'univers. »

Puisse Votre Majesté s'en adapter exactement le sens!
Je n'y vois pas d'impossibilité.
Ce vers sera, à son tour, le *vers du siècle*, — du dix-neuvième siècle. — Il fera pâlir celui de feu Lemierre,

qui porte la date du dix-huitième, lequel vers pourtant a son mérite :

« Le Trident de Neptune est le sceptre du monde. »

Pierre Corneille, dont Napoléon 1er aurait fait un ministre, s'il eût vécu de son temps, écrivait le sien en plein dix-septième siècle.
Il suit du rapprochement de ces deux derniers vers, dont le plus jeune *filius ante patrem*, comme disent les botanistes, doit précéder dans la pratique son aîné de cent ans; il suit, disons-nous, que l'adage exprimé dans le second mène tout droit à l'accomplissement du premier.
Votre Majesté est en marche vers ce noble but.
Dans mon admiration pour les actes de Votre Majesté, qui travaille incessamment à la gloire et à la prospérité de la France, je fais des vœux ardents et sincères pour que ce but soit bientôt et complétement atteint.
Tout le fait présager.
La persévérance de Votre Majesté dans les voies gouvernementales les plus rationnelles est de bon augure.
Déjà, depuis longtemps, elle s'est entourée des meilleurs conseillers, en tête desquels figure un précieux auxiliaire destiné à prendre tôt ou tard, si l'heure venait à sonner, — il sera toujours trop tôt, — la direction suprême du pouvoir; Sa Majesté l'Impératrice.
Tous les intérêts matériels exploités, non plus à l'avantage d'un certain nombre de privilégiés, mais à celui des masses, du vrai peuple, reçoivent à l'envi les meilleurs développements.
Les points encore obscurs et indécis dans la pratique seront tâtonnés, jusqu'à ce que se dessine claire et limpide la solution dans le vrai.
L'agriculture, le commerce, ces deux mamelles des

populations, reçoivent, chaque jour, des encouragements et des secours efficaces.

Les arts, les sciences, les lettres sont protégés et soutenus.

La guerre, cette déplorable nécessité, se dresse fière et victorieuse pour la défense et pour l'honneur de la patrie.

Pourquoi faut-il que le besoin de se protéger contre les agressions injustes, les ambitions déréglées, les prétentions exorbitantes, induise forcément les gouvernements les plus sages à répandre des torrents de sang, à enfouir d'immenses trésors qui recevraient ailleurs, mon Dieu ! un bien plus digne emploi !

Mais la nécessité commande. Votre Majesté qui, à l'aide d'une légère déviation du mot attribué à Louis XIV et sans préjudice de ce mot dont elle peut, en toute conscience, revendiquer le sens profond, a pu dire : la paix c'est moi; Votre Majesté se trouve contrainte néanmoins de faire la guerre, une guerre terrible qui, tout en appelant l'admiration sur la part héroïque qu'y veut prendre Votre Majesté, fait trembler le monde jusque dans ses fondements.

Et pourtant fallait-il s'abstenir de faire ce qui a été fait, lorsqu'il s'agissait de protéger l'Orient contre l'ambition prématurée de la Russie, de pourvoir à la délivrance de l'Italie gémissant, depuis tant de siècles, sous le joug détesté de la maison d'Autriche.

Faudra-t-il demeurer les bras croisés en présence et sous le coup des menaces illimitées qui n'ont que trop souvent été suivies d'exécution, de cette autre puissance à laquelle tout est annexable : Malte, les Iles Ioniennes, Gibraltar, l'Inde ; l'Ile de France, notre magnifique joyau, et son port *Nord-Ouest*, l'un des plus vastes et des plus sûrs de l'univers, etc., etc., etc. Puis successivement et simultanément, si on les laisse faire, la Sicile, l'Égypte, que sais-je ? Tout leur est bon. Ce sont autant d'étapes qu'ils se ménagent, afin d'atteindre plus sûrement les dernières limites du globe, où leur commerce pourra, tout à son aise, déployer ses ailes gigantesques.

Des compensations à autrui, ils n'en veulent pas prendre connaissance. Cette nation a courbé à son usage et sur la plus vaste échelle, le vieux proverbe : Ce qui est bon à prendre est bon à..... garder.

Le gouvernement français, dans une nécessité de défense naturelle, dans la mesure d'une rigoureuse convenance, accepte-t-il de qui a parfaitement la volonté et le droit d'en disposer, quelques lieues carrées de sables et de montagnes, — non sans compensation de certaines oasis plus favorisées, de quelques petits ports qui ne sont pas absolument à dédaigner, — et les voilà qui poussent des cris d'aigle, à leurs tribunes et dans leurs journaux ; ils se ruent en déclamations furibondes contre l'immoralité et l'iniquité des annexions... Ne serait-ce pas le cas de leur rappeler le mot de Voltaire, à l'adresse du grand Frédéric qui, en sa qualité de philosophe, s'était cru dans l'obligation d'écrire l'*Anti-Machiavel* : il crache au plat, pour que nul autre ne soit tenté d'en manger ?

Mais Votre Majesté y mettra bon ordre ; Elle voudra intervenir à temps opportun.

Vainement viendra-t-on Lui objecter les difficultés extrêmes, l'impossibilité presque absolue de soutenir une lutte victorieuse contre l'Angleterre.

Il y a, sur ce chapitre, beaucoup à dire et grande matière à méditations ; lesquelles ne laisseront pas Votre Majesté tout à fait désarmée et impuissante.

Et d'abord lorsque, tôt ou tard, on en viendra au traitement de ce *grand malade* dont la succession est, comme tant d'autres successions d'une moindre importance, impatiemment attendue, Votre Majesté voudra être appelée à la consultation. Son avis, s'il ne prévaut, sera d'un grand poids.

Qui peut mieux que Votre Majesté prévoir ce que Lui vaudra d'alliances utiles, de secours patents ou cachés, la part dont il Lui sera sans doute loisible de disposer à son gré ? Qui donc, hormis Votre Majesté, saura calculer à l'avance son influence proportionnelle superposée aux influences acquises et destinée à porter celles que Votre Majesté voudra conquérir plus tard ?

Eh bien ! Votre Majesté ne pourra-t-elle nouer telles alliances plus d'une fois prévues et préconisées, qui l'aident à soutenir, sans désavantage, la formidable rencontre dès longtemps attendue ? N'imposera-t-elle pas enfin silence à ceux qui, avec des intentions, des désirs, des projets divers, poussent à la guerre et, par une contradiction flagrante, essaient de prouver que la victoire est matériellement impossible ; qu'il n'y faut pas songer ?

Cependant, si je ne me trompe, la marine de Votre Majesté progresse et se fortifie pour le matériel et, plus encore, pour le personnel, en qualité, sinon toujours en quantité. On commence à avouer qu'un vaisseau français vaut, pour le moins, un vaisseau anglais, mais qu'ils en ont trois... cinq contre un. Ce calcul n'est peut-être pas rigoureusement exact et il se pourrait que, dans l'arithmétique de Votre Majesté, le produit s'en éloignât quelque peu.

D'ailleurs l'Angleterre a, bien autrement que la France, des positions à garder, d'immenses intérêts à protéger et à défendre, sur les points du globe les plus distants.

Quoi qu'il en soit, les forces navales de la France jointes à celles de l'Espagne et·de l'Italie, figurées ici comme son bras droit et son bras gauche, auxquelles se rallieraient, plus ou moins intimement, les voiles et les vapeurs de la Russie, de la Suède, du Danemarck... Que sait-on ? Nul ne manquerait à l'appel, le jour désigné pour abattre l'ennemi commun. Ces forces, réunies par une coalition bien cimentée, pourraient, ce me semble, tenir tête au Neptune-Colosse de notre époque, jusqu'à l'amener à composition.

Pourquoi faire ? sera-ce afin d'anéantir la *perfide Albion — delenda Carthago;* — de l'engloutir dans les flots de l'Océan sur lequel le monde civilisé lui reproche d'exercer une tyrannie dure et égoïste ?

En aucune façon ; mais le moment est venu, sans doute, où l'Angleterre devra renoncer à la *prépotence* exclusive dont elle se targue impunément.

Il lui faudra compter avec les autres puissances, avec la France avant tout ; la France qui, lorsqu'elle arrivera à dominer les mers, usera plus discrètement et surtout avec plus de justice distributive, d'une source de richesses infinies qui sont l'héritage de tous et ne sauraient appartenir à un seul.

Pour peu que l'on veuille réfléchir à la tournure que prennent les affaires politiques, on sera forcément amené à cette conclusion : que le refroidissement ostensible, la rupture avouée et la collision violente avec la puissance britannique, sont choses imminentes.

Il est très-clair, *évidentissime*, que l'Angleterre pousse aux révolutions dans le seul but d'en profiter, d'en tirer, comme on dit, pied ou aile. La plus grosse part de la bête sera la meilleure.

En vain cet étrange gouvernement, — je ne saurais, sans crainte de blesser les convenances, lui trouver *illico* une épithète mesurée juste à sa taille, — en vain ce gouvernement d'une grande nation, il serait injuste de l'oublier, — se pose-t-il comme le défenseur-né de toutes les libertés, le protecteur du droit des peuples contre leurs *tyrans.* Il y a toujours au fond, cette arrière-pensée qui se traduit ainsi dans la prose la plus vulgaire : le placement et la vente, à gros intérêts, de son coton et autres produits de sa vaste industrie.

Le moindre profit qu'ils puissent rêver présentement de tant de manœuvres ténébreuses, de tant d'intrigues marquées au coin de la duplicité, ce serait l'annexion de la Sicile.

Ce gouvernement professe comme on sait en matière d'annexion, une théorie remarquable par la variété indéfinie de ses formes et par l'incomparable ductilité du métal qui en fait la base.

Votre Majesté ne souffrira pas que les agents de ce gouvernement, auquel on applique volontiers, comme une flagellation, l'épithète de *Machiavélique*, non sans quelque sévérité pour les mânes de l'illustre Florentin, portent le trouble, le désordre, l'anarchie, la révolution, puisqu'il faut l'appeler par son nom, au sein du royaume des Deux-Siciles, en passant sur le corps du Saint-Père, dont la souveraineté temporelle serait, pour le coup, entièrement effacée.

J'en conclus qu'à un jour donné, Votre Majesté sera préparée à engager le combat. Sous l'ascendant des sages précautions qu'elle a prises et qu'elle saura continuer, j'ose lui prédire la victoire.

Telle est et telle sera constamment la politique éclairée et généreuse de votre Majesté.

Alors, mais seulement alors, pourra se réaliser, en partie du moins, ce qu'on serait tenté de nommer utopie dans le petit roman politique récemment publié par M. About.

La carte de l'Europe et, par induction, celle du monde entier, serait singulièrement remaniée et modifiée, sous l'impulsion large et désintéressée, — dans les bornes du juste, — émanant du gouvernement de Votre Majesté. Impulsion qui, non frappée d'abnégation absolue dégénérant bientôt en duperie, nous laisserait nantis de la part d'avantages à nous revenant par une impartiale répartition. Chacun recevra et gardera, en parfaite équité, son lot proportionnel.

Un mot en passant sur la brochure de M. About. Le spirituel écrivain me semble pécher tant soit peu par anachronisme. Imbu du mot plein de sens attribué, je crois, à Shakspeare : « Le paradoxe de la veille est « souvent le lieu commun du lendemain, » il ne se les épargne pas, les paradoxes, et prédit pour l'année prochaine, ce qui adviendra peut-être dans l'espace de quarante ans.

Dans quarante ans.... Ce n'est point sans quelque visée fatidique que ce chiffre s'est échappé du bec de ma plume. Puisque chacun est admis à trancher du prophète, je ne vois pas pourquoi je me refuserais cet agrément. Depuis longtemps je me suis figuré,— c'est peut-être une série d'illusions, — que notre siècle, le dix-neuvième, verrait s'accomplir les plus grandes choses, les plus fertiles en résultats favorables à l'espèce humaine, en tant que soumise dorénavant à des gouvernements politiques et sociaux refondus et perfectionnés ; mais à la condition *sine quâ non* de conserver intact ce que le passé nous a légué de bon, d'excellent.

Lorsque, trois ou quatre jours après le mémorable événement du 2 décembre, je vis Votre Majesté saisir d'une main ferme, sûre, honnête et modérée les rênes du gouvernement ; que l'ordre se rétablissant à vue d'œil, le Panthéon fut rendu au culte sous l'invocation de sainte Geneviève, la patronne de Paris et de la France,—de ce fait à la restauration intégrale du Saint-Siége il n'y a pas si loin qu'on pense,— je dus m'assurer que votre Majesté était marquée par la Providence, pour servir d'instrument premier et principal à l'accomplissement de ces grandes choses, dans la seconde moitié du dix-neuvième siècle.

Votre Majesté ne fera point défaut à sa mission providentielle.

Voici venir, en bon ordre, la liste des institutions fécondes qui, en se déroulant dans l'espace illimité des améliorations possibles, engendre, tout doucement et sans secousses trop heurtées, une situation nouvelle à la France ; à peu près comme on lui fait un Paris tout neuf.

Car il nous faut du neuf; le vieux est usé jusqu'à la corde, vermoulu dans l'épaisseur des parois.

Expliquons-nous avant d'aller plus loin, afin que nul ne puisse se croire autorisé à prendre le change sur nos paroles, à le feindre du moins.

Il nous faut du neuf, — est-ce à dire que tout doit être biffé des institutions et des croyances anciennes ; que table rase étant faite, l'édifice nouveau sortira de terre, dans une nuit, comme un champignon, avec des proportions irréprochables, quoique sur des fondements inexplorés?

J'espère qu'on ne me prêtera pas cette absurdité ajoutée à tant d'autres, dont je suis si libéralement gratifié.

Il nous faut du neuf; oui, pourvu que soit pratiqué sans cesse ni relâche, l'éclectisme le plus minutieux et le plus intelligent.

Votre Majesté prouve surabondamment, chaque jour, avec quels soins scrupuleux elle sait fouiller, soit au sens moral, soit dans l'acception matérielle, tout au fond du vieux bagage accumulé par les siècles, où se trouvent pêle-mêle et quelquefois avec peu d'ordre, encore moins de méthode, les meilleurs produits enfantés par la sagesse et l'expérience de ses devanciers.

Votre Majesté s'applique à les combiner avec les productions nouvelles, à les fondre en un corps compacte, qui formera, en définivive, la base d'un tout homogène et solide, capable de résister aux chocs incessants et innombrables, à la violence desquels l'État social, politique et religieux sera désormais et inévitablement en butte.

Au point de vue religieux, Votre Majesté est bien pénétrée de la haute importance qui s'attache à la stabilité du culte catholique, notre religion du plus grand nombre, et je suis persuadé qu'en insistant près d'Elle sur la nécessité absolue de conserver intacte et respectée l'autorité temporelle du Saint-Père, je prêche un converti.

Au sens moral, — inutile de s'arrêter sur les opérations matérielles dont la parfaite convenance, au point de vue de l'utilité pratique, hygiénique, même de la morale populaire, saute aux yeux de tous, pourvu que ces yeux ne soient pas fascinés de prévention ; — au sens moral, Votre Majesté poursuit, avec une rare persévérance, le développement des idées saines appelées à régénérer, autant que le permettent les temps et les circonstances, autant que le comportent ses mœurs, un peuple si avancé dans la civilisation qu'il atteint la ligne imperceptible, séparant d'une couleur indécise la civilisation de la corruption.

A cet effet, Votre Majesté ne refuse à aucun des membres du clergé, de l'instruction publique, de tous les dispensateurs de la morale religieuse et civile, l'appui de son autorité, le secours de sa protection.

Ce n'est pas la faute de Votre Majesté, si le malheur attaché à cette époque ne Lui permet pas de faire plus et mieux.

Cependant Votre Majesté jette en terrain bien préparé et amendé, de précieuses semences qui, un jour ou l'autre, il n'en faut pas désespérer, vont engendrer leurs plantes et porter leurs fruits.

Adaptées à la politique, ces causes fécondes que soutient la main ferme et bienveillante de Votre Majesté, produiront à la longue les effets qu'elle a voulus.

A ce propos, je réclame encore une fois, de Votre Majesté, la licence de lui exposer certains aperçus qui, pour suivre mon thème, garderont peut-être quelque senteur de nouveauté.

Du jour où Votre Majesté comprit la nécessité de faire du nouveau et du bien fait, Elle se résigna sans plus d'hésitation, à sortir des sentiers battus.

Votre Majesté a répudié, de son plein gré et sans nul effort, les rigueurs, les colères, les vengeances qui caractérisaient les âges de barbarie dont nous sommes heureusement sortis. Notre âge a cela de bon, du moins, qu'il adoucit les mœurs sans amollir les courages ; les triomphes récents de l'armée française en font foi.

Mais une loi fatale de cette perfectibilité que la philosophie des nations poursuit, ainsi qu'une chimère, sans l'atteindre jamais ; cette loi semble vouloir, qu'au mal déraciné succèdent d'autres maux non moins pernicieux. De telle sorte que la compensation soit à grand'peine obtenue.

Nous en signalerons un exemple, entre mille, dans les rapports des peuples avec leurs souverains.

Votre Majesté a, contre sa politique, un très-grand nombre d'adversaires, je ne veux pas dire d'ennemis.

C'est un fait incontestable.

Un autre fait qui ne l'est pas moins, c'est que, parmi ces adversaires, figurent, à côté des méchants incorrigibles, une foule d'honnêtes gens, de gens de bien.

Voilà une situation à laquelle il est urgent d'appliquer les meilleurs topiques, afin de la modifier profondément.

Comment procéder à cette cure difficile, mais non pas impossible, j'en ai l'intime conviction ?

Sera-ce en provoquant les délations, en prêtant l'oreille aux accusations, souvent empreintes de calomnie, en ouvrant, comme à Venise, cette bouche avide de rapports haineux, perfides, vindicatifs surtout ?

Autres temps, autres soins. Cette façon d'agir, qui a pu réussir à la fameuse république, laquelle n'était, après tout, qu'une orgueilleuse oligarchie, ne serait plus acceptée aujourd'hui de personne, — je parle des personnes honnêtes, — et manquerait le but.

Sans doute, il importe d'étudier soigneusement, sans passion, sans détermination préconçue, le terrain miné par le feu des volcans révolutionnaires sur lequel nous marchons. L'action de la police, d'une police avisée, prudente, impartiale, se fait à peine sentir, bien qu'elle s'applique, avec un zèle infatigable, à sonder les plaies béantes et celles qui demeurent cachées. La perspicacité des officiers dont se compose actuellement la police supérieure de Votre Majesté sait résoudre ce problème compliqué et d'une nature fort délicate; elle reçoit de Votre Majesté l'injonction formelle de lui présenter la vérité toute nue, sans parure ni ornements toujours menteurs; telle enfin qu'on la dit habiter au fond de son puits.

Le diagnostic est et sera éternellement le premier, à peu près le seul flambeau, qui éclaire et guide, dans sa marche incertaine, le médecin praticien.

Afin d'appliquer plus sûrement le remède, je propose les moyens doux, parfaitement compatibles, selon moi, avec la fermeté quelquefois rigoureuse que commandent aux gouvernants, comme aux gouvernés, la soumission à la règle, l'accomplissement du devoir, l'exécution de la loi.

On aurait tort de penser que l'obligation, l'habitude d'employer les moyens énergiques, héroïques si l'on veut, implique toujours chez ceux qui en sont chargés une sorte de dureté de cœur, d'insensibilité froide, ordinairement reprochées aux princes de la politique comme aux princes de la science et de l'art.

Je connais un chirurgien célèbre, merveilleusement doué des qualités de la main, de l'esprit, du jugement, le tout chauffé au foyer d'une âme aimante qui sait compatir aux maux qu'il veut soulager, charitable en un mot, — arrivons au mot propre ; — cette nature privilégiée garde la faculté tout à fait exceptionnelle de conduire à bonnes fins, sans dévier d'une ligne, l'opération la plus difficile, la plus douloureuse, tout en souffrant du mal qu'il fait, profondément ému des angoisses qu'il cause.

Cet homme de bien au premier chef, aussi modeste qu'habile, savant et bon, — encore le mot propre, — ne sait rien emprunter au charlatanisme et n'a jamais fait un pas, que je sache, en dehors de son mérite intrinsèque pour gagner le premier plan.

S'il était ignoré, oublié de Votre Majesté, je le lui dénoncerais volontiers.

Car Votre Majesté procède, sur une bien plus vaste échelle, exactement de la même façon.

Ainsi, au lieu de sévir par une action plus ou moins acerbe, le gouvernement de Votre Majesté doit s'étudier à une seule chose, à lui gagner l'estime, l'affection, et bientôt le dévouement, la fidélité de ceux qui lui furent opposés.

Les honnêtes gens, les gens de bien, peuvent être, à très-peu d'exceptions près, ramenés par de bons procédés à la sympathie des actes et de la personne de Votre Majesté. Il faut leur témoigner une certaine confiance dont ils n'abuseront pas, ayant généralement le cœur noble et haut placé. Traités avec un mélange de bonté et de justice assaisonné de quelques faveurs méritées, ils subiront peu à peu, et quelquefois malgré eux, l'espèce de charme attrayant que Votre Majesté sait exercer sur tous ceux qui l'approchent. Plusieurs de ces hommes sont susceptibles de reconnaissance, cette vertu pourtant si rare, dont le bienfaiteur ne cueille guère, que par exception, le fruit savoureux.

Pour Votre Majesté, l'exception deviendra la règle.

Oh! alors, Elle se trouve largement payée de ses soins et de sa peine ; un tel résultat, comme par une heureuse transfusion, lui rajeunit le sang.

S'il est indispensable à Votre Majesté de conquérir des partisans dévoués, il ne l'est pas moins de garder, comme fait l'avare son trésor, ceux qui se sont ralliés pour un motif honorable en vue du bien général, ou, du moins, ne se montrent hostiles en aucune façon. Ceux-là n'ont point de parti pris contre le gouvernement de Votre Majesté ; ils inclinent même, en plus d'une occasion, vers le pouvoir, et sont disposés à l'appuyer.

Ces hommes dont l'honneur, la loyauté, l'amour du bien public sont les seuls mobiles, qui ne se laissent détourner de leur but toujours louable par aucune considération d'intérêt privé, de cupidité égoïste ; ces hommes de bien par excellence, sont très-précieux à conserver. Il est prudent autant que juste de les corroborer dans leur foi politique et religieuse, en les attirant doucement, par un peu de coquetterie avouable, vers les eaux de Votre Majesté, où ils devront définitivement clouer leur pavillon.

A ce propos, je demande humblement à Votre Majesté, la permission de lui citer un fait opposé, dans son esprit et dans son issue, à la thèse que je soutiens ; un seul fait que je trouve très-regrettable :

Assistant l'automne dernier, à une réunion d'enfants et de tout jeunes gens, présidée par M. Cochin, je fus émerveillé et profondément touché de l'allocution simple, autant qu'incisive, que leur adressa le digne président, avec un naturel et une cordialité parfaitement à la portée de son auditoire ; mais aussi à l'adresse des intelligences plus cultivées.

Il fit l'éloge de la bonté.

Jamais, que je sache, aucun orateur ancien ou moderne,

ne mit dans ses paroles plus d'onction persuasive, une argumentation plus séduisante, plus entraînante. C'était bien véritablement le cœur sur la main que l'orateur parla à ses jeunes amis, comme il eût pu faire à de vieux philosophes chrétiens. Et tout cela avec une naïveté biblique à laquelle, je le répète, on trouverait peu de précédents.

Je me disais qu'élevée et guidée par de tels hommes, la jeunesse devra forcément progresser vers le bien, les idées saines, la sagesse et la raison. Progrès lent dans sa marche, empêché qu'il est par l'injuste et le faux, mais toutefois appréciable.

Au nom de Cochin se rattachent les plus honorables souvenirs. Pour eux, le présent ne dément point le passé. Cette famille s'est imposée à la reconnaissance publique; ce furent et ce sont les bienfaiteurs de l'humanité. L'un des auteurs de M. Cochin fonda, à ses frais, l'hospice qui porte son nom. Son père a honoré sa vie et laissé une mémoire durable d'intelligence, de bonté, de sagesse, de désintéressement à son passage trop court, par l'édilité de l'ancien douzième arrondissement, et aujourd'hui le cinquième.

Le fils est le digne héritier de ses vertus, de ses talents, de sa bonté; c'est aussi et surtout par le cœur qu'il tient à lui ressembler.

M. Cochin figurait, en première ligne, dans le Conseil municipal, qui est le Conseil général de la Seine.

A la suite d'un article qu'il publia dans un journal politique et religieux, article qui respirait, on n'en saurait douter, une piété douce, des sentiments religieux et moraux les plus purs, ledit journal se vit averti pour la troisième fois, et conséquemment supprimé.

Y eut-il solidarité ou seulement coïncidence entre la lettre signée Cochin et la suppression du journal?

Quoi qu'il en soit, M. Cochin crut devoir donner sa démission des fonctions de membre du Conseil général.

Eh bien, je dis qu'il est infiniment regrettable de voir un homme de cette importance s'éloigner des affaires, déshériter la Ville de tout le bien qu'il y faisait, et de celui qu'il méditait pour le présent et pour l'avenir.

Je dis que le Gouvernement de Votre Majesté doit mettre en œuvre tous les moyens de séduction compatibles avec la dignité réciproque dont ne peut jamais se départir le pouvoir, non plus que l'homme de cœur avec qui le pouvoir veut traiter ; afin de rappeler et de retenir dans ses liens un collaborateur de si rare mérite, et que l'on aurait peine, sans doute, à remplacer.

Je n'ai pas l'honneur d'être connu de M. Cochin, je ne l'ai vu que cette fois, et, selon toute apparence, je ne le reverrai de ma vie.

J'ai cru devoir, en passant, lui rendre cet hommage, qui est justice, dans le double intérêt profondément senti de Votre Majesté et de sa dynastie.

A mon sens, ces deux intérêts qui se confondent en un seul, ne seront positivement assis et irrévocablement fixés, qu'après que Votre Majesté sera parvenue à rallier autour d'elle tous les honnêtes gens, ou du moins la grande majorité des honnêtes gens qui sont et seront, à toutes les époques, les plus fermes colonnes des sociétés et des princes qui les gouvernent.

CONCLUSION.

Votre Majesté est et demeure, à tout jâmais, adoptée par la France, dont elle a fermé les plaies et relevé, à la hauteur qui lui appartient légitimement, c'est-à-dire la première entre ses pareilles, l'importance politique, dans l'opinion de l'Europe et du monde civilisé ; la France à qui les malheureux traités de 1815, véritables Fourches-Caudines, avaient fait monter au front le rouge de la colère et de la honte.

En les déchirant avec la pointe de son épée, — non de son initiative, mais provoquée par une injuste agression, — Votre Majesté a bien mérité de la patrie.

Appuyée sur le suffrage universel et sur les immenses bienfaits dont elle a comblé et comblera la France, Votre Majesté a fondé et perpétuera sa dynastie ; c'est son droit et son devoir.

Parmi les moyens appropriés à cette grande œuvre, il en est un qui prime tous les autres : la restauration complète du pouvoir temporel du Saint-Siége.

Entre ce moyen d'action et ceux qui seraient tirés de l'arsenal des forces humaines, il y a toute la distance qui sépare de la matière le spiritualisme le plus épuré.

La force matérielle recevra, en tout état de cause, le plus énergique appui de la force qui vient d'en haut.

L'expérience des siècles, si riche en moralités logiques autant que surnaturelles, est là pour le constater.*

Votre Majesté accomplira donc cette œuvre de sagesse, de raison, de bon sens exquis et de haute piété ; piété filiale, on ne saurait trop le redire, puisque Votre Majesté est et sera constamment, à l'instar des rois ses devanciers, le Fils aîné de l'Église catholique.

Votre Majesté tiendra à honneur et à gloire de ressusciter, après mille ans, l'empereur Charlemagne, moins les cruautés reprochées, à tort ou à droit, au fondateur de la dynastie carlovingienne.

Je suis avec le plus profond respect,

Sire,

de Votre Majesté,

Le très-humble et très-dévoué serviteur et fidèle sujet,

Signé : B. REY,

Ancien membre du Conseil général du Cher, — ancien maire de la ville de Saint-Amand et de la commune de Coust, — docteur en médecine de la Faculté de Paris, — chevalier de la Légion d'honneur.

Paris, 4 juin 1860.

www.ingramcontent.com/pod-product-compliance
Lightning Source LLC
Chambersburg PA
CBHW060711050426
42451CB00010B/1386